Martin Luther

En enkel måde at bede på

Martin Luther

En enkel måde at bede på

Oversat og tilrettelagt

Finn B. Andersen

Oversat og tilrettelagt: Finn B. Andersen

Forlag: Books on Demand GmbH, København, Danmark
Tryk: Books on Demand GmbH, Norderstedt, Tyskland

ISBN 978-87-430-0174-4

Indholdsfortegnelse

Forord

Luther skriver dette lille skrift i 1535 efter ønske fra sin barber, mester Peter. Han ville gerne have en enkel og overskuelig vejledning til, hvordan man bedst holder andagt og beder til Gud. Luther fortæller, hvordan han selv gør og giver enkelte gode råd. Han understreger især, at man skal være åben for Guds stemme under bønnen og at man skal koncentrere sig om det, man beder om. Desuden kan det være godt at have en tekst og en fast fremgangsmåde at støtte sig til, uden at man dog skal være bundet af det.

Oversættelsen er foretaget efter originalteksten i Weimar Udgaven (WA) 38, 358-75: Eine einfältige Weise zu beten für einen guten Freund, 1535.

Cand.theol.
Finn B. Andersen

En enkel måde at bede på

Kære ven, jeg giver dig det så godt, som jeg formår, og *sådan som jeg selv bærer mig ad, når jeg beder*. Vor Gud og Herre give dig og enhver at kunne gøre det bedre. Amen.

For det første. Når jeg føler, at jeg ved andre opgaver eller tanker er blevet *kold og uoplagt* til at bede (sådan som kødet og Djævelen altid søger at hindre bønnen), *tager jeg min lille Bønnebog frem og skynder mig ind på mit værelse.* Eller jeg går ind i kirken til dem, der er samlet dér, hvis det passer med tidspunktet. Jeg begynder så for mig selv *mundtlig at fremsige* De Ti Bud, Trosbekendelsen og derefter nogle af Kristi ord, Paulus eller Salmerne, hvis jeg har tid. Ganske som børnene gør. Derfor er det *godt, at man tidlig om morgenen lader bønnen være den første, og om aftenen den sidste ting.*

Man skal tage sig alvorlig i agt for disse falske og bedrageriske tanker, der siger: Vent lidt, om en times tid vil jeg bede. Jeg må først have det eller det fra hånden. Med sådanne tanker kommer man fra bønnen ind i opgaverne, der sådan fastholder og indfanger en, så der ikke bliver nogen bøn den dag. Ganske vist kan der findes nogle gerninger, der er lige så gode eller bedre end bøn, særlig når der er nød på færde. Det er derfor, man tilskrives Hieronymus ordene: Alle de troendes gerninger er bøn. Og et ordsprog lyder: Den, der arbejder trofast, beder dobbelt.

Det må være sagt af den grund, at et troende menneske frygter og ærer Gud i sin gerning og tænker på hans bud, for at han ikke skal gøre uret mod nogen, eller stjæle, eller snyde nogen, eller tage mere, end der tilkommer ham. Sådanne tanker og en sådan tro gør uden tvivl hans gerning til både en bøn og et lovprisningsoffer. Omvendt må også den sandhed gælde, at den vantros gerning udelukkende er en forbandelse og at den, som i sit arbejde er utro, bander dobbelt. Hans hjertes tanker må jo under arbejdet være sådan, at han foragter Gud og overtræder hans bud og tænker på at gøre sin næste uret, stjæle og bedrage. Sådanne tanker er jo ene forbandelser mod Gud og mennesker. Derved bliver hans gerning en dobbelt forbandelse, som han forbander sig selv med. Til sidst ender han som en tigger og en slyngel.

Den vedvarende bøn taler Kristus om i Luk 18, hvor han siger, at vi altid skal bede og ikke blive trætte. For man skal uafbrudt vogte sig for synd og uret. Og det kan ikke ske, hvor man ikke frygter Gud og har hans bud for øje, som der står i salme 1: "Lykkelig er den, som grunder på hans lov både dag og nat" (vers 2).

Dog må vi også se til, at vi ikke vænner os af med at bede på den rette måde, og til sidst selv finder på nødvendige gerninger, der dog ikke er nødvendige, og derved til sidst bliver sløve og dovne, kolde og uvillige til at bede. For Djævelen er ikke doven eller sløv omkring os, ligeledes er vort kød endnu alt for levende og frisk til at synde og har ulyst til bønnens ånd.

Når nu hjertet er blevet opmuntret ved en sådan mundtlig samtale og er kommet til sig selv, så knæl ned eller stå med foldede hænder

4

og øjnene vendt opad og tal eller tænk på korteste måde:

Ak, himmelske far, du, kære Gud, jeg er en uværdig, fattig synder, ikke værdig til at opløfte mine øjne eller hænder imod dig eller bede til dig. Men da du har befalet os alle at bede og dertil lovet os bønhørelse og selv lært os både ordene og måden at bede på igennem din kære søn, vor herre Jesus Kristus. Så kommer jeg på dette dit bud for at være lydig mod dig og forlader mig på dit nådige løfte og i min herres Jesu Kristi navn beder jeg med alle dine hellige kristne på jorden, som han har lært mig:

Fadervor

Den første bøn

Helliget blive dit navn

Gentag så et stykke, eller så meget du vil, nemlig den første bøn: "Helliget blive dit navn", og sig: Ak ja, herre Gud, kære far, hellige dog dit navn både i os selv og i hele verden. Forstyr og udryd al ondskab og kætteri hos muslimerne, paven og alle falske lærere, der hyklerisk fører dit navn i munden og således skændigt misbruger det og bespotter det. De praler med, at det er dit ord og kirkens bud, mens det dog er Djævelens løgn og bedrag, hvorved de under dit navn grueligt forfører så mange stakkels sjæle i hele verden. Desuden dræber de også, udgyder uskyldigt blod og forfølger, idet de derved mener at vise Gud en dyrkelse. Kære herre Gud, omvend her og afværg! *Omvend dem, der endnu skal omvendes*, at de med os og vi med dem kan hellige og prise dit navn, begge med den rette, rene lære og et godt, helligt liv. Men afværg dem, der ikke vil lade sig omvende, så

de må ophøre med at misbruge, skænde og van-
ære dit hellige navn og forføre de stakkels folk,
amen.

Den anden bøn

Komme dit rige

Sig derpå: Ak, kære herre, Gud fader, du ser
ikke alene, hvordan verdens visdom og fornuft
vanærer dit navn og overgiver din ære til løgnen
og Djævelen. Al den myndighed, magt, rigdom
og ære, som du har givet til at regere i verden
og dermed tjene dig, rejser den og stræber imod
dit rige. De er store, mægtige og mange, tykke,
fede og mætte og plager, hindrer, og forstyrrer
dit riges lille hjord, der er svag, foragtet og
ringe i tal. De vil ikke tåle den på jorden. Alli-
gevel mener de at vise dig en stor dyrkelse.
Kære herre, Gud fader, omvend dem og afværg
deres angreb. *Omvend dem, der endnu kan blive
børn og indgå i dit rige,* for at de med os og vi
med dem må tjene dig i dit rige i den rette tro
og sande kærlighed og fra *dette rige, som er be-
gyndt her,* komme ind i det evige rige. Men

hjælp imod dem, der i deres magt og formåen
ikke vil afstå fra at forstyrre dit rige, så de ned-
styrtede fra deres sæde og ydmygede må tvin-
ges til at holde inde. Amen.

Den tredje bøn

Ske din vilje, som i himlen således også på jor-
den

Sig derpå: Ak, kære herre, Gud fader, du ved,
hvordan verden, selv om den ikke helt kan gøre
dit navn til intet eller helt udrydde dit rige, dog
går med onde hensigter både dag og nat. De er
fulde af rænker og indviklede anslag, holder
råd, hvisker med hinanden, trøster og styrker
sig. De truer og spruder, går fyldt med ond vilje
imod dit navn, ord, rige og børn for at ombringe
dem.

Derfor, kære herre, Gud fader, omvend og
afværg. *Omvend dem, der endnu skal komme til*
erkendelse af din gode vilje, for at de med os og
vi med dem kan være lydige mod din vilje. Giv,
at vi *gerne, tålmodig og glad lider ethvert onde,*

kors og hver modgang og deri erkender, god-
tage/prøver og erfarer din nådige, fuldkomne
vilje. Men afværg dem, der ikke vil afstå fra de-
res raseri, vildskab, had, trusler og skadelyst og
gør deres råd og onde anslag til intet og til
skamme, så at det vender sig imod dem selv,
som der synges i Salme 7, 16. Amen.

Den fjerde bøn

Giv os i dag vort daglige brød

Sig derpå: Ak, kære herre, Gud fader, giv også
din velsignelse over dette timelige, legemlige
liv. Giv os nådigt den kære fred. Bevar os fra
krig og ufred. Giv vor kære ledere, lykke og
fremgang mod deres fjender. Giv dem visdom
og forstand, så de styrer deres jordiske rige ro-
ligt og lykkeligt. Giv alle regenter, ledere og
herrer gode råd og vilje til at opholde deres land
og folk i stilhed og retfærdighed. Særlig beder
vi dig hjælpe og lede også vores lokale offent-
lige myndigheder, under hvis beskyttelse og be-
skærmelse du bevarer os. Giv, at de må blive
bevaret for alt ondt, og regerer sikret mod falske

tunger og troløse folk. Giv alle borgere nåde til at tjene tro og være lydige. Giv alle samfundslag med deres forskellige opgaver, at de må blive fromme og vise hinanden kærlighed og troskab. Giv godt vejr og jorden frugter. Vi betror dig også hjem, ægtefælle og børn: Hjælp at jeg må omgås dem ret og hjælper og opdrager dem kristent. *Afvend og tøjl Ødelæggeren og alle onde engle, der kan skade og hindre os.* Amen.

Den femte bøn

Forlad os vor skyld, som også vi forlader vore skyldnere

Sig derpå: Ak, kære herre, Gud fader, gå ikke i rette med os, for over for dig er intet levende menneske retfærdigt. Ak, regn os det ikke til synd, at vi desværre er så utaknemmelige for alle dine uudsigelige velgerninger, åndelige og legemlige. Vi står ofte daglig imod og synder mere end vi ved og kan mærke (Salme 19, 13). Se ikke på, hvor fromme eller onde vi er, men på *din grundløse barmhjertighed, som er os skænket i Kristus, din kære søn.* Tilgiv også alle vore fjender og alle, der gør os smerte eller uret, sådan som også vi af hjertet tilgiver dem. Det er jo skade for dem selv, at de ved deres ondskab imod os optænder din vrede. Deres fordærv kan jo ikke hjælpe os, da vi hellere ville se dem salige med os. Amen.

Og den, som føler sig ude af stand til at tilgive, må bede om nåde, så han kan tilgive. Men dette hører til under prædikenen.

Den sjette bøn

Og led os ikke ind i fristelse

Sig derpå: Ak, kære herre, Gud fader, ophold os vågne og friske, ivrige og flittige i dit ord og din tjeneste, så vi ikke bliver selvsikre, dovne og sløve, som om vi nu havde alt. For at ikke den grumme Djævel skal snige sig ind på os og overrumple os og igen fratage os dit kære ord eller skabe strid og sekter iblandt os eller på anden måde føre os i synd og skam, både åndelig og legemlig. Giv os ved din Ånd visdom, og

11

kraft, så vi kan stå ham tappert imod og beholde sejren. Amen.

Den syvende bøn

Men fri os fra det onde

Sig derpå: Ak, kære herre, Gud fader, *dette elendige liv er så fuldt af jammer og ulykke, så fuldt af fare og usikkerhed, så fuldt af utroskab og ondskab* (som Paulus siger: dagene er onde). Det var derfor rimeligt, om vi blev træt af livet og længtes efter døden. Men du, kære fader, kender vor svaghed, derfor hjælp os at fare sikkert gennem *al denne elendighed og ondskab.* Og når tiden kommer, giv os da en nådig afskedstime og en salig udgang fra denne jammerdal, så vi ikke forskrækkes for døden eller fortvivler, men med fast tro befaler vore sjæle i din hånd, amen.

Til sidst må du mærke dig, at du siger dit amen eftertrykkeligt og ikke tvivler, Gud hører visselig på dig med al sin nåde og siger ja til din bøn. Tænk så, at du ikke er ene om at knæle eller stå, men hele kristenheden eller alle fromme

kristne er hos dig og du iblandt dem i samdræg-
tig, enstemmig bøn, som Gud ikke kan foragte.
Gå ikke fra bønnen, før du har sagt eller tænkt:
Godt, denne bøn er hørt af Gud, det ved jeg sik-
kert og vist, det betyder amen.

Åben og koncentreret bøn

*Du skal også vide, at jeg ikke vil, at alle disse
ord skal fremsiges i bøn.* Det ville kun blive en
fremplapren og udelukkende tom snak, hvis det
blev læst op af bogen ligesom rosenkransen hos
lægfolket og ligesom præsternes og munkenes
bøn har været. Jeg ønsker derimod, at *hjertet
derved skal opflammes og undervises om,
hvilke tanker det skal gøre sig om Fadervor.*
Men sådanne tanker kan hjertet (når det er rigtig
opvarmet og er indstillet på at bede) udtale med
mange andre ord, vel også med færre eller flere
ord. Jeg vil heller ikke selv binde mig til så-
danne ord og stavelser, men i dag sådan, i mor-
gen anderledes, sige de ord, hvorved jeg bliver

varm og oplagt. *Dog bliver jeg, så nær jeg kan, ved de samme tanker og det samme indhold.*

Det hænder ofte, at jeg i et stykke eller en bøn føres ind i så rige tanker, at jeg lader de andre seks blive stående. Og når sådanne rige og gode tanker kommer, skal man lade de andre bønner fare og give rum for sådanne tanker og stille høre efter og frem for alt ikke hindre dem. For da prædiker Helligånden selv. Og ét ord af hans prædiken er langt bedre end tusinde bønner af vore. Jeg har ofte lært mere i én bøn, end jeg har kunnet finde ved megen læsen og digten.

Derfor ligger der den allerstørste vægt på, at hjertet er åbent og oplagt til bøn, som også prædikeren siger i 4,17: "Vogt din fod, når du går til Guds hus. Det er bedre at gå derhen for at høre end for at bringe offer." *Hvad andet er det end at friste Gud, når munden plaprer og hjertet er optaget helt andre steder?* Som da en præst bad samtidig med at han uddelte opgaver til sine tjenestefolk. På denne måde: "Gud, hør min bøn – Per, hent hesten – ære være Faderen og Sønnen og Helligånden – Pia, gå ud og malk koen!" Sådanne bønner har jeg i mine tidligere dage i pavekirken virkelig hørt og kendt mange af, og næsten alle deres bønner er af den slags.

Derved bliver Gud kun spottet, og det havde været bedre, om de i stedet havde leget, når de ikke kunne eller ville gøre det bedre. For jeg har desværre selv i mine dage ofte bedt sådanne tidebønner, så at salmen eller bedetimen var forbi, før jeg var klar over, om jeg var i begyndelsen eller i midten.

Og om end ikke alle bruger ord som ovennævnte præst og blander opgaver og bøn sammen, så gør de dog det samme i deres hjerter med tankerne. De blander det hele sammen. Og når bønnen er forbi, véd de ikke, hvad de har gjort, eller hvordan de er kommet igennem det. De begynder på lovprisningen, og straks er de i drømmeland. Jeg holder for, at ingen kan se et latterligere gøglespil, end hvis man under bønnen kunne se de tanker i et sådant koldt, uandægtigt hjerte rodet sammen. Men nu indser jeg, Gud ske lov, at der *ikke er bedt ret, når man glemmer, hvad man har sagt.* For en ret bøn husker nøjagtig alle ord og tanker fra bønnens begyndelse til slutningen.

Ligesom en god, flittig barber nøje må rette sine tanker, sin opmærksomhed og sine øjne på barberkniven og på håret og ikke glemme, hvor langt han er kommen med barberingen eller klipningen. Hvis han samtidig vil snakke løs og tænke eller kigge på andre ting, kunne han let skære mund eller næse af, ja halsen over. *Sådan vil jo enhver ting, når det skal udføres godt, kræve sin person helt, med alle sanser og lemmer.* Som man siger: Den, der tænker på mange ting, tænker på ingen ting og udretter heller ikke noget godt. Hvor meget mere kræver bønnen ikke hjertet helt og udelt, hvis det i øvrigt skal være en god bøn.

Dette være i korthed sagt om Fadervor eller bønnen, som jeg selv plejer at bede. For endnu den dag i dag suger jeg på Fadervor som et barn, drikker og spiser som et gammelt menneske, og jeg kan ikke blive mæt deraf. Jeg sætter det endog over Salmerne, som jeg ellers holder meget af. Det er for mig den allerbedste bøn.

Det viser sig i sandhed, at den rette mester har samlet og lært det, og det er mere end skade, at en sådan bøn af en sådan mester uden spor af andagt skal plapres og klapres i stykker over hele verden. Mange beder måske nogle tusinde Fadervor om året, men selv om de blev ved at bede sådan i tusinde år, havde de dog ikke smagt eller bedt et bogstav eller en tøddel deraf. Kort sagt: Fadervor er (ligesom Guds navn og ord) den største martyr på jorden. Enhver plager og misbruger det. Kun få trøster det og glæder det ved at bruge det ret.

De Ti Bud

Men når jeg har tid og lejlighed til mere end Fadervor, så gør jeg på lignende måde med De Ti Bud og tager dem stykke for stykke. Det gør jeg, for at jeg kan blive så meget som muligt oplagt til bøn og få en *firedobbelt* krans ud af hvert bud.

1. Jeg bruger først hvert enkelt bud som en *lære*, som det jo i sig selv er, og tænker over, hvad vor herre Gud deri så alvorlig *kræver* af mig.

2. For det andet gør jeg det til en *taksigelse*,

3. For det tredje et *skriftemål*,

4. Og for det fjerde en *bøn* med disse eller lignende tanker og ord:

Jeg er Herren din Gud, som førte dig ud af Egypten, af trællehuset. (2 Mos 20, 1-17)

Det første bud
Du må ikke have andre guder end mig

Her tænker jeg for det første, at Gud kræver af mig og lærer mig, at jeg skal have hjertelig tillid til ham i alle ting, og det er hans ramme alvor, at han vil være min Gud. Det skal jeg holde ham for at være under tab af den evige salighed, og mit hjerte skal ikke bygge på eller have tillid til noget andet, det være sig gods, ære, visdom, magt, hellighed eller nogen anden skabning.

For det andet takker jeg hans grundløse barmhjertighed, at han så faderlig bøjer sig ned til mig fortabte menneske. Uden at være bedt eller søgt, tilbyder han mig ufortjent at være min Gud, tage sig af mig, og i al nød være min trøst, mit værn, min hjælp og styrke. For vi usle, blinde mennesker har ellers måttet søge og søger endnu så mange slags guder, hvis han ikke selv så åbenbart talte til os og i vort eget menneskelige sprog tilbød at være vor Gud. Hvem kan i al evighed takke ham nok for det?

For det tredje skrifter og bekender jeg min store synd og utaknemlighed, at jeg hele mit liv igennem så skammeligt har foragtet denne herlige lære og store gave og med utallige former for afgudsdyrkelse så frygtelig optændt hans vrede. Det gør mig ondt, og jeg beder om nåde.

For det fjerde beder jeg og siger: Ak, min Gud og herre, hjælp mig ved din nåde, at jeg daglig bedre må lære og *forstå* dette dit bud og med hjertelig tillid *handle* derefter. Bevar dog mit hjerte, at jeg ikke mere bliver så glemsom og utaknemmelig, at jeg ikke søger andre guder eller trøst på jorden eller i alle skabninger, så at jeg rent og smukt bliver ved dig, min eneste Gud. Amen, kære herre, Gud fader, amen.

Dernæst går jeg på samme måde, hvis jeg vil eller har tid, frem med det andet bud, også anvendt på fire måder.

Det andet bud

Du må ikke bruge Herren din Guds navn til løgn

For det første lærer jeg, at jeg skal holde Guds navn for herligt, helligt og skønt, ikke sværge, bande eller lyve ved det, ikke være stolt eller søge egen ære eller navn. Jeg skal derimod i ydmyghed påkalde, tilbede, prise og love hans navn og lade det være al min ære og ros, at han er min Gud, og jeg hans stakkels skabning og uværdige tjener.

For det andet takker jeg for de herlige gaver, at han har åbenbaret og givet mig sit navn, så jeg kan rose mig af hans navn og kalde mig Guds tjener, skabning, osv., at hans navn er min tilflugt som en fast borg (som Salomon siger i Ordsprog 18, 10), hvortil den retfærdige flygter og bliver beskyttet.

For det tredje skrifter og bekender jeg min skammelige, store synd, som jeg alle mine dage har begået mod dette bud, at jeg ikke alene har ladet være at påkalde, ære og prise hans hellige navn, men endog har været utaknemlig for denne gave og har misbrugt den til al slags skam og synd, til at sværge, lyve og bedrage, osv. Dette gør mig ondt, og jeg beder om nåde og forladelse, osv.

For det fjerde beder jeg om *hjælp og styrke* til herefter at lære dette bud og vogte mig for sådan skammelig utaknemlighed, misbrug og synd mod hans hellige navn, men derimod findes taknemlig og som den, der ret frygter og ærer hans navn.

Og som jeg ovenfor har sagt under Fader-vor, sådan formaner jeg igen: *Hvis Helligånden under disse tanker kommer og begynder at prædike* i dit hjerte med rige, oplyste tanker, så vis ham den ære at lade disse tilrettelagte tanker fare. Vær stille og hør på ham, der kan det bedre end du. *Læg mærke til* hvad han prædiker og *skriv det op*, så vil du, som David siger, erfare undere i Guds lov.

Det tredje bud

Husk sabbatsdagen og hold den hellig

Her lærer jeg for det første, at hviledagen ikke er indstiftet til lediggang eller til kødelig vellyst, men for at den skal holdes hellig af os. Men ved vor gerning og handling bliver den ikke helliget. Det sker ved Guds ord, der alene er fuldkommen rent og helligt og helliger alt, hvad der kommer i berøring med det - det være sig tid, sted, person, gerning, hvile osv. For ved Ordet bliver vore gerninger også hellige, som Paulus siger i 1 Tim 4, 5: "Det helliges ved Guds ord og ved bøn." Derfor erkender jeg heraf, at jeg på hviledagen først og fremmest skal *høre og overveje* Guds ord og så ved det samme ord takke og love Gud for alle hans velgerninger og bede for mig selv og hele verden. Den, der forholder sig sådan på hviledagen, han helliger hviledagen, og den, som ikke gør det, han er værre end dem, som arbejder på den.

For det andet takker jeg i dette bud for Guds store, skønne velgerning og nåde, at han har givet os sit ord og sin prædiken og befalet os særlig at bruge det på hviledagen. Denne skat kan intet menneskeligt hjerte tænke nok over. For hans ord er det *eneste lys* i dette livs mørke. Og det er et ord, der *skænker liv*, trøst og al salighed. Hvor det kære, frelsende ord ikke findes, hersker der alene skrækkeligt og grufuldt mørke, vildfarelse, splittelse, død, al ulykke og Djævelens eget tyranni, som vi daglig har det for øje.

For det tredje skrifter jeg og bekender min store synd og skammelige utaknemlighed, at jeg mit liv igennem så skammelig har misbrugt hviledagene og så jammerlig foragtet hans dyrebare, kære ord. Jeg har været så doven, ugidelig og modvillig til at høre det - endsige, at jeg skulle have begæret det af hjerte eller nogensinde takket for det. Jeg har således forgæves ladet min kære Gud prædike for mig, og ladet den ædle skat ligge, ja trådt den under fod. Og dette har han med lutter guddommelig godhed tålt af mig, og ikke af den grund holdt op med stadig på ny at prædike for mig og kalde på mig med al faderlig guddommelig kærlighed og troskab til min sjæls frelse. Det gør mig ondt, og jeg beder om nåde og tilgivelse.

For det fjerde beder jeg for mig selv og for hele verden, at den kære fader vil opholde os ved sit hellige ord og ikke tage det fra os for vor synds, utaknemligheds og dovenskabs skyld. Jeg beder om, at han vil bevare os for sekterne og falske lærere, men sende os trofaste og retskafne arbejdere til sin høst, dvs. trofaste og fromme sognepræster og prædikanter. At han

24

også vil skænke os alle nåde til, at vi med yd-myghed *høre deres ord som hans eget,* lægger os det på sinde og ærer det, desuden også af hjertet takker og priser ham derfor.

Det fjerde bud

Ær din far og din mor

For det første lærer jeg her at erkende Gud, min skaber, *hvor vidunderlig han har skabt mig med legeme og sjæl.* Han har givet mig livet af mine forældre og givet dem det hjerte, at de med alle kræfter har tjent mig som deres livsfrugt, har bragt mig til verden, ernæret og draget omsorg for mig, passet og opdraget mig med stor flid, omhu, fare, møje og arbejde. Og indtil denne stund har han *bevaret mig,* sin skabning, fra me-gen fare og nød på legeme og sjæl og har hjulpet mig ud af det, som om han hver time skabte mig på ny. For Djævelen under os ikke livet ét øje-blik.

For det andet takker jeg den rige og gode skaber for mig selv og for hele verden, at han i dette bud har indstiftet og opholdt menneske-slægtens formering og opretholdelse dvs. familielivet og det offentlige styre. For uden disse to områder eller styrelser kunne verden ikke stå et år. Uden offentlig styrelse er der ingen fred. Hvor der ingen fred er, kan der intet familieliv være. Hvor intet familieliv er, kan der hverken fødes eller opdrages børn, ja, forældreværdigheden måtte helt forsvinde. Men derfor er dette bud givet, at det opholder og bevarer begge dele, familieliv og offentligt styre, befaler børn og borgere lydighed og sørger for, at det sker sådan. Og hvor det ikke sker, lader budet ikke dette ustraffet. Ellers havde børnenes ulydighed for længst ødelagt alt familieliv, og borgerne havde ved oprør sprængt og ødelagt det offentlige styre, for de er jo langt flere i tal end forældre og de, der styrer. Derfor kan vi ikke nok prise denne velgerning.

For det tredje skrifter og bekender jeg min skammelige ulydighed og synd, at jeg trods dette min Guds bud ikke har æret eller adlydt

26

mine forældre. Jeg har ofte fortørnet og fornærmet dem, taget mod deres forældrestraf med utålmodighed, knurret mod dem, foragtet deres trofaste formaning og direkte holdt til med slet omgangskreds og dårlige kammerater. Og dog forbander Gud selv sådanne ulydige børn og nægter dem et langt liv, som da også mange af den grund jammerlig omkommer og går til grunde, før de bliver voksne. For den, der ikke adlyder far og mor, må adlyde domstolen eller på anden måde skammelig *miste sit liv ved Guds vrede*. Alt dette gør mig ondt, og jeg beder om nåde og forladelse.

For det fjerde beder jeg for mig selv og for hele verden, at Gud vil skænke os sin nåde, og rigelig *udøse sin velsignelse både over familieliv og borgerlig styrelse*. Måtte vi herefter blive fromme, ære vore forældre, lyde vore overordnede, modstå Djævelen og ikke adlyde, når han frister os til ulydighed og ufred. Således kan vi i gerning hjælpe til at forbedre hjem og land og bevare freden, Gud til ære og pris, os selv til gavn og alt godt. Derved erkender vi disse hans

gaver og takker ham derfor. Heri skal der tillige
være plads for bønnen for forældre og offent-
lige myndigheder, at Gud vil *give dem visdom
og forstand til at styre og regere os fredeligt og
lykkeligt*. Han bevare dem for tyranni, vold og
grusomhed og afholde dem derfra, så de ærer og
ikke forfølger Guds ord eller volder nogen uret.
For sådanne store gaver må man få ved bøn,
som Paulus lærer. Ellers er Djævelen den øver-
ste leder ved hoffet, og det går slemt og skade-
ligt til.

Og hvis du selv er far eller mor, må du passe
på, at du ikke glemmer dig selv eller dine børn
og dine ansatte, men beder alvorlig, at vor kære
fader, der har indsat dig til sit navns og embedes
ære og vil have dig nævnt og æret som forælder,
vil give dig nåde og velsignelse til at styre og
ernære din ægtefælle, børn og ansatte, gudfryg-
tigt og kristent. At han vil give dig *visdom og
kraft* til at opdrage dem godt, og dem et godt
sind og vilje til at følge din lærdom og være ly-
dig. For begge dele: børn og deres opvækst er

Guds gaver så vel som de to ting: at de er vel-
opdragne og bliver gode mennesker. Ellers bli-
ver et hjem kun en svinesti og en slyngelskole,
sådan som man ser det hos ugudelige og rå
mennesker.

Det femte bud

Du må ikke begå drab

Her lærer jeg først, at Gud vil have af mig, at
jeg skal *elske min næste*, og at jeg altså ikke
skal gøre ham nogen skade på hans legeme,
hverken med *ord* eller med *gerning*. Jeg må
ikke i vrede, utålmodighed, misundelse eller
nogen slags ondskab hævne mig på ham eller
gøre ham skade, men skal vide, at jeg er skyldig
at hjælpe og råde ham i al hans legemlige nød.
For Gud har med dette bud befalet mig at tage
vare på min næstes legeme og også befalet min
næste at tage vare på mit legeme. Som Sirak si-
ger: "Gud har anbefalet enhver en næste." (Si-
raks Bog 17,14).

For det andet takker jeg her for denne uud-
sigelige kærlighed, omsorg og troskab over for

mig, at han har sat en sådan *stor og stærk be-
skyttelse og mur omkring mit legeme*. Alle men-
nesker er skyldige til at skåne mig og vogte mig
og på samme måde er også jeg over for alle
mennesker. Gud holder også øje med at det
sker - og hvis det ikke sker, er det hans befaling,
at domstolene skal straffe dem, der ikke gør det.
Hvis dette bud og Guds indstiftelse ikke var til,
ville Djævelen sikkert forvolde et sådant myt-
teri iblandt os, at ingen kunne være sikker på sit
liv en time. Det er det, der sker, når Gud vredes
og straffer den ulydige og utaknemlige verden.

For det tredje skrifter og klager jeg her over
min egen og verdens ondskab, at vi er så fryg-
telig utaknemlige for sådan faderlig kærlighed
og omsorg for os. Ja, ikke alene det, men vi kan
ikke og vil heller ikke lære dette bud og denne
lærdom, men foragter det, som om det ikke an-
gik os, og som om vi slet ikke havde det. Det er
virkelig beklageligt. Desuden går vi så selvsikre
omkring og gør os ingen samvittighed af, at vi
på den måde foragter, svigter, ja, forfølger og
skader vor næste imod dette bud. Eller vi slår

ham ihjel i tankerne og lader vrede, bitterhed og al ondskab få frit spillerum, som om vi er i vor gode ret til det. Her er sandelig lejlighed til at klage og skrige over os onde slyngler og blinde, vilde og ufromme mennesker, der ligesom vilde dyr nedtramper hinanden, kradser, river, bider og fortære hinanden og ikke frygter dette alvorlige Guds bud.

For det fjerde beder jeg, at han, den kære fader, vil lære os at erkende dette hans hellige bud og *hjælpe os til* også at overholde det og *leve efter det*. Jeg beder om, at Gud vil bevare os alle indbyrdes for den mandræber, der er mester for al manddrab og fortræd. At Gud vil skænke sin rige nåde til at alle mennesker, også os, bliver venlige, blide og gode mod hinanden. At vi af hjertet tilgiver hinanden og som kristne bærer hinandens fejl og skrøbeligheder og således lever i ret fred og kærlighed, som dette bud lærer og kræver af os.

Det sjette bud
Du må ikke bryde et ægteskab

Her lærer jeg igen, hvad Gud tænker om mig, og hvad han vil have af mig, nemlig at jeg skal leve sømmelig, ærbar og disciplineret *både i tanker, ord og gerning*. Jeg skal ikke forgribe mig seksuelt på nogens ægtefælle, barn eller husstand, men hjælpe til at redde og beskytte dem og gøre alt, hvad der tjener til at opholde deres ære og jomfruelighed. Jeg skal også hjælpe til at stoppe munden på de meningsløse sladderhanke, der vil skade deres ære. Alt dette har jeg pligt til, og Gud vil have, at jeg ikke alene lader min næstes ægtefælle og alle hans seksuelt uberørt, men også har pligt til at hjælpe til med at opretholde og bevare deres ærbarhed og renhed. Sådan ønsker jeg jo, min næste handler mod mig i den slags sager og overholde dette bud mod mig og mine.

For det andet takker jeg den trofaste, kære fader for denne hans nåde og velgerning, at han med dette bud tager min ægtefælle, datter, søn og øvrige husstand i sin vold og beskyttelse og så alvorligt og strengt forbyder at vanære dem. Han giver mig nemlig sikker beskærmelse og lader det ikke ustraffet, om han så selv skal udføre straffen, hvor nogen overtræder og bryder hans bud og beskyttelse. Ingen undslipper ham. Enten må han betale her, eller senere bøde for sådan lyst i helvedes ild. For han vil have seksuel renhed og ikke finde sig i ægteskabsbrud. Det ser vi daglig hos alle ubodfærdige, umoralske mennesker, som Guds vrede omsider rammer, så de får en forfærdelig straf. Ellers ville det også være umuligt at bevare ægtefælle, børn og ansatte for den urene Djævel blot en time i tugt og ære. Der ville blive lutter homoseksualitet og dyrisk perversioner ud af det, som det sker, hvor Gud i sin vrede tager sin hånd bort og lader alt blive værre og værre.

For det tredje skrifter og bekender jeg min synd og hele verdens synd, at jeg livet igennem har syndet mod dette bud, være sig i tanker, ord eller gerning. Ikke alene har jeg været utaknemlig for denne fine lære og gave, men endog knurret imod Gud, at han har påbudt seksuel disciplin og renhed og ikke har ladet al slags utugt og perversitet være frit og ustraffet. Ægteskabet ringeagtes, spottes og nedvurderes. Overtrædelsen af dette bud overgår alt andet i grovhed og omfang. Der er intet, der skjuler det eller pynter det. Det gør mig ondt, osv.

For det fjerde beder jeg for mig selv og hele verden, at Gud vil unde os nåde til at holde dette bud med glæde og kærlighed, så vi ikke alene selv lever ærbart, men også hjælper og vejleder andre til det.

Sådan fortsætter jeg med de andre bud som jeg har tid og lejlighed eller lyst til det. For, som jeg har sagt, vil jeg ikke have nogen bundet til disse mine ord eller tanker. Det er blot et eksempel, som man kan følge, hvis man vil eller ændre det, så man tager alle bud for sig på én gang eller så mange, man har lyst til. Hvis sjælen er optaget af en ting, enten denne nu er god eller ond, og det er dens alvor, så kan den i ét øjeblik tænke mere, end tungen kan tale i ti timer eller hånden skrive i ti dage. Sådan en hurtig, fin og mægtig ting er sjælen eller ånden. Derfor kan den meget hurtigt blive færdig med De Ti Bud

34

på alle disse fire måder, når den er opsat på det og tager det alvorligt.

Det syvende bud

Du må ikke stjæle

Her lærer jeg først, at jeg ikke skal tage min næstes ejendele eller besidde det mod hans vilje, hverken hemmelig eller åbenbar. Jeg må ikke være utro eller uredelig i handel, tjeneste og arbejde, så jeg tjener min løn på tyvemaner. Jeg skal tværtimod ernære mig i mit ansigts sved og med al redelighed spise mit eget brød. Ligeledes skal jeg også hjælpe til, at min næste heller ikke bliver berøvet sine ting på ovennævnte måde. Jeg lærer også her, at Gud ved dette bud af faderlig omsorg og med stor alvor freder og værner om mine ejendele, idet han befaler, at man intet må stjæle fra mig. Og hvor man ikke retter sig efter det, har han fastsat straf for det og befalet domstolene at bruge bøde og straf. Og hvor domstolene ikke kan, straffer Gud det selv, så de til sidst bliver tiggere. Som man siger: Ungdoms tyveri er skyld i alderdoms tiggeri, og: Uretfærdigt gods bringer ikke lykke, og: Hvad der erhverves med synd, bruges med sorg.

For det andet takker jeg for hans troskab og godhed, at han har givet mig og al verden denne gode lærdom og dermed også værn og beskyttelse. For hvis han ikke beskyttede os, beholdt ingen en krone eller en bid brød i huset.

For det tredje skrifter jeg alle mine synder og min utaknemlighed, hvor jeg i mit liv har gjort nogen uret eller ydet for lidt eller snydt nogen, osv.

For det fjerde beder jeg om, at han vil give sin nåde til, at jeg og hele verden dog måtte lære og betænke dette hans bud, og også forbedres, så der bliver mindre stjælen, røveri, udnyttelse, utroskab og uretfærdighed. Ja, jeg beder kort og godt om, at det snart helt må få ende ved dommedag, som alle hellige og alle skabninger så indtrængende beder om må komme, Rom 8, 19.

Det ottende bud

Du må ikke vidne falsk mod din næste

Dette bud lærer os først at være sanddrue mod hinanden og undgå al slags løgn og bagtalelse, men gerne tale og høre det bedste om andre. Dermed er der sat en mur og et værn om vort rygte og vor uskyld imod onde munde og falske tunger, som Gud heller ikke vil lade ustraffede, som der er sagt om de andre bud.

Derfor skal vi takke ham både for den lære og det værn, som han hermed så nådig giver os.

Og for det tredje skrifter vi og beder om nåde, fordi vi har tilbragt livet så utaknemmeligt og syndigt med løgn og med falsk, ond sladder mod vor næste, som vi dog skylder at bevare al hans ære og uskyld, som vi selv helst vil have det.

For det fjerde beder vi om *hjælp til fremtidig at holde* dette bud og om at bruge vor tunge til det gode, osv.

Det niende og tiende bud

Du må ikke begære din næstes hus. Du må ikke begære din næstes hustru, hans træl eller trælkvinde, hans okse eller æsel eller noget som helst af din næstes ejendom

Dette lærer os først, at vi ikke med skin af ret må fratage, fravende eller fravriste vor næste hans ejendele og hvad hans er, men hjælpe til, at han må beholde det, som vi selv gerne vil med det, der er vores. Det er også et værn imod de snedige planer og svindelnumre fra denne verdens smarte hoveder, som dog også til sidst vil få sin straf.

For det andet skal vi takke derfor.

For det tredje skrifte vor synd med anger og sorg.

For det fjerde *bede om hjælp og styrke* til at *blive fromme og holde* dette Guds bud.

Dette er De Ti Bud, behandlet på fire måder: som en lille lærebog, som en lille sangbog, som en lille bodsbog og som en lille bønnebog. Herved skulle et hjerte jo finde sig selv og blive varm til bønnen! Men pas på, du ikke tager det alt sammen eller for meget frem, så ånden bliver *træt*. Heller ikke skal en god bøn være lang eller langtrukken. *I stedet skal der bedes ofte og med varme.* Det er nok, når du tager et stykke eller et halvt frem, for at du derved kan optænde en ild i dit hjerte. Nuvel, det vil og må ånden give og lære videre i hjertet, når det først ved Guds ord er renset og tømt for andre opgaver og tanker.

Trosbekendelsen

Hvis nogen i øvrigt har tid til overs eller er oplagt til det, kan man gøre på samme måde med Trosbekendelsen og af den flette en firdobbelt krans. Trosbekendelsen har tre store hovedstykker eller artikler efter de tre personer i den guddommelige majestæt, som de fra gammel tid og også i katekismen er inddelt.

Den første artikel

Om skabelsen

Jeg tror på Gud Fader, den Almægtige, himlens og jordens skaber

Her skinner for det første et stort lys ind i dit hjerte, hvis du ellers vil tage imod det, og lærer dig med få ord, hvad der med alle tunger og mange bøger ikke kan udtales eller skrives. Nemlig, hvad du er, hvorfra du kommer, hvor himmel og jord stammer fra. For du er Guds skabning, gerning og værk, det vil sige, af dig selv og i dig selv er du intet, kan intet, ved intet, formår intet. Hvad var du for tusinde år siden? Hvad var himmel og jord for *seks tusind år* siden? Lige så meget intet, som det er intet, der aldrig skal skabes! Men hvad du er, ved, kan og formår, det skyldes Guds skabelse, som du her bekender med din mund. Derfor har du over for Gud slet intet andet at rose dig af, end at du slet intet er, og at han er din skaber og hvert øjeblik kan tilintetgøre dig. *Et sådant lys kender fornuften ikke noget til.* Mange af de største mennesker har forsket efter, hvad himmel og jord, menneske og skabning mon skulle være, og de har dog ikke fundet ud af det. Men her fortælles det. Trosbekendelsen siger: Gud har skabt alt af intet. Her er sjælens lysthave, hvor den kan vandre i Guds gerninger. Men det ville blive for meget at skrive om det her.

For det andet skal man takke for, at vi ved Guds godhed er *skabt* af intet og *daglig bliver opholdt* af intet. Vi er en sådan *skøn skabning,* der har legeme og sjæl, fornuft, fem sanser osv., og at han har sat os til herre over jorden, fiskene, fuglene, dyrene, osv. Hertil hører 1 Mos 1-3.

For det tredje skal man skrifte og klage over vor vantro og utaknemlighed, at vi ikke har taget dette til hjerte, troet det, tænkt på det og erkendt det, men er værre end de ufornuftige dyr.

For det fjerde skal man bede om den rette, sikre tro, at vi herefter med alvor tror og holder den kære Gud for vor skaber, som denne artikel lærer.

Den anden artikel

Om genløsningen

Og på Jesus Kristus, Guds enbårne Søn, vor Herre, osv.

Her skinner atter et stort lys, der lærer os, hvordan vi ved Kristus, Guds søn, er blevet genløst fra døden, som vi efter skabelsen ved Adams synd er faldet ind under, så vi måtte gå evig til grunde. På samme måde, som du i den foregående artikel skulle regne dig selv for en af Guds skabninger og ikke tvivle på det, skal du også her *regne dig selv* for en af de genløste, og ikke tvivle på det. Ligesom vi i den første sætning siger, at Jesus Kristus er "vores" Herre, sådan skal vi også gøre det ved alle de andre udtryk. Altså, at Jesus Kristus også er "vores pinte", "vores døde", "vores opstandne". *Det er alt sammen vores og gælder os*, og vi hører ind under det samme ord "vores", som ordet selv viser det.

For det andet skal vi hjertelig takke for denne store nåde og være glad over en sådan genløsning.

For det tredje bitterlig klage over og skrifte den skændige vantro eller tvivl på sådan nåde. Ak, hvor vil du ikke her få nok at tænke på. Hvor meget afguderi har du ikke øvet imod dette med al den falske gudsdyrkelse og utallige egne gerninger, der har stridt mod denne genløsning.

For det fjerde skal du bede om, at Gud herefter vil opholde dig i den rette, rene tro på Jesus Kristus, din Herre, indtil døden.

Den tredje artikel

Om helliggørelsen

Jeg tror på Helligånden, osv.

Dette er det tredje store lys, der lærer os, hvor vi i det ydre kan finde og møde en sådan skaber og forløser her på jorden. Og hvor det til sidst alt sammen vil føre hen. Det kunne der siges meget om, men hovedsagen er kort sagt denne: Hvor den hellige, kristne kirke er, dér finder man Gud Skaber, Gud Forløser og Gud Helligånd, som daglig helliggør os ved syndernes forladelse, osv. Og kirken er dér, hvor Guds ord om denne tro prædikes og bekendes på rette måde.

Her har du atter meget at tænke på, især om det, som Helligånden daglig øver i kirken.

Derfor skal du her takke for, at også du er kommet og kaldet ind i denne kirke.

Du må skrifte og klage over din vantro og utaknemlighed, at du ikke har givet agt på alt dette.

Og bede om den rette faste tro, der holder ud og kan bestå, indtil vi kommer derhen, hvor alt skal bestå evindelig. Det er i det evige liv efter opstandelsen fra de døde. Amen.

Den, der er øvet, kan godt veksle, så man den ene dag tager De Ti Bud og en anden dag en Salme eller et kapitel fra Skriften, for at få ild og varme i hjertet.

46